Die Seidenstraße

2000 Jahre Geschichte und Kultur

丝绸之路

两千年的历史与文化

〔德〕戴安娜·林德纳 著　王博 译

人民日报出版社

图书在版编目（CIP）数据

丝绸之路：两千年的历史与文化 / (德) 戴安娜·林
德纳著；王博译. -- 北京：人民日报出版社，2019.11
ISBN 978-7-5115-6237-1

Ⅰ. ①丝… Ⅱ. ①戴… ②王… Ⅲ. ①丝绸之路—历
史 Ⅳ. ①K928.6

中国版本图书馆CIP数据核字（2019）第232950号

© 2016 Elsengold Verlag GmbH, Berlin, Germany

All images: © akg images GmbH, Berlin, Germany

The simplified Chinese translation rights arranged through Rightol Media

著作权合同登记号 01-2019-6310

书　　名：丝绸之路: 两千年的历史与文化
作　　者：〔德〕戴安娜·林德纳
译　　者：王　博

出 版 人：董　伟
责任编辑：袁兆英
封面设计：异一设计

出版发行：人民日报出版社
社　　址：北京金台西路2号
邮政编码：100733
发行热线：（010）65369527　65369846　65369509　65369510
邮购热线：（010）65369530　65363527
编辑热线：（010）65363105
网　　址：www.peopledailypress.com
经　　销：新华书店
印　　刷：炫彩（天津）印刷有限责任公司

开　　本：787mm×1092mm　1/16
字　　数：192千字
印　　张：10
印　　次：2019年11月第1版　　2019年11月第1次印刷

书　　号：ISBN 978-7-5115-6237-1
定　　价：98.00元

目　录

丝绸之路：

两千年的历史与文化

　　月牙泉边，一座小寺院屹立在300米高的鸣沙山旁，这里距离敦煌南部四千米远。鸣沙山的名字取自于"会唱歌的沙丘"这一现象。马可·波罗曾在书中写道：以下事情已得到证实，夜间骑行穿过荒漠的时候，可能某个人会稍稍落后。当他想要追上同行者时，就会听到魔鬼的声音。这个声音会像同伴那样与他说话，因为这个声音常常能够叫出他的名字。有时，这个声音会让人错乱到再也找不到队伍的地步。许多人因此丧命，消失得无影无踪。并且，人们甚至能在白天听到鬼魅的声音，不少人表示听到了不同的乐器，尤其是鼓声。

"据说横跨整片荒漠需要花费一年的时间，就算是最窄的地方也要一个月。到处都是高山、沙丘和河谷，没有可以食用的东西。"

　　马可·波罗在上文中描写的罗布泊就位于世界第二大沙漠塔克拉玛干沙漠的最东缘。人类历史上最大的、横贯不同大洲的贸易通道——丝绸之路就经过这片去了就回不来的"无返之地"。荒漠中唯一的路标是前人早已干枯的尸骨，僧人法显①这样说道，他曾在公元5世纪沿着丝绸之路前往印度的佛教圣地。旅途的艰辛无法想象：持续数日的沙尘暴、白天四十多度的高温，夜间又降至零下二十度，口渴、饥饿，最严重的是迷失方向。如果想要继续西行，就必须克服帕米尔高原或者喀喇昆仑山脉酷寒的隘口——周围环绕着世界上最高的几座山峰。

---

① 东晋高僧，65 岁高龄时从长安出发，游历三十多个国家至天竺求法。回国后撰写《佛国记》，并将佛教文化引入中国，是著名的佛学家、翻译家、旅行家。

这条传奇的东西通道历经了两千多年的历史，曾是地球上最重要的交通线路。不过按照地理学家兼探险家费迪南德·冯·李希霍芬的叫法，人们应当把"这条路"改为"这些路"。1877年，李希霍芬在自己关于中国的著作中首创了"丝绸之路"这一概念并明确使用了复数形式。

走得最多的主干线起始于古代汉朝和唐朝的首都长安（今西安），一路到兰州。这条线路也是本书最主要的讨论对象。接下来穿过贫瘠的河西走廊就到了武威，然后沿着长城直达敦煌。敦煌是中国在大荒漠前的最后一个前哨站。而荒漠之后的游牧区域在历史上只间或处在中国的管辖范围内。如今，整个塔里木盆地都属于新疆维吾尔自治区。

在敦煌的玉门关，丝绸之路一分为二。位于北边的路线在塔里木盆地和天山之间，而南边的那条则通向昆仑山脚下。北线经过哈密、吐鲁番盆地的重要绿洲城市高昌和交河，接着经过焉耆、库车、阿克苏，直到喀什，也就是如今帕米尔山脉旁最西边的中国城市。南边的那条路顺着罗布泊延伸，罗布泊是在不断移动的湖泊，曾经的楼兰古

▲14世纪马穆鲁克人建造的阿贡医院（Al-Bimatistan al-Arghoni）内庭景象，它是当时伊斯兰地区最重要的医院之一。

城如今已经消失不见。接着穿过米兰、丹丹乌里克就又到了喀什。在喀什附近三米高的巨石石塔处，两条道路重新交汇。如果接着通过吐尔尕特口岸向北走，人们就到了比什凯克①，然后是如今的哈萨克斯坦和俄罗斯。而如果顺着喀喇昆仑公路往南去，就能到达当今的阿富汗、巴基斯坦和印度。石器时代的铭文表明，这些路线早在公元前5世纪就有人走过了。喀喇昆仑公路边的铭文和岩画见证了顺着这条道路传播开来的佛教文化，它们是丝绸之路的"留言簿"。

越过帕米尔高原继续向西就到了奥什②、费尔干纳③、塔什干④以及如今乌兹别克斯坦境内的撒马尔罕⑤和布哈拉⑥。继续穿过梅尔夫⑦、沙赫鲁德⑧、哈马丹⑨和巴格达⑩就能到达荒漠之珠——巴尔米拉。那里离阿勒颇⑪、安提阿⑫以及大马士革⑬都不远了。从大马士革还可继续前往罗马或者经过佩特拉古城⑭到达亚历山大城⑮。

这条连接了西方与远东，从罗马到长安的主干线大约有一万公里长。一支荒漠商队往返巴尔米拉与长安一次需要大约六年。仅仅从长安到兰州的600公里旅途就需要花费数周时间。而如今乘坐火车从西安到喀什只需要一周。与此同时，2007年竣工的一条公路能够从阿克苏穿过塔克拉玛干沙漠直达和田，全长400千米。这条路将与国际公路网"欧洲-高加索-亚洲运输走廊"连接起来，成为一条新的丝绸之路。

---

① 吉尔吉斯斯坦共和国首都。
② 吉尔吉斯斯坦南部城市，位于费尔干纳盆地与帕米尔高原之间。北为乌兹别克斯坦，东为中国新疆，南为塔吉克斯坦。
③ 费尔干纳盆地位于乌兹别克斯坦、塔吉克斯坦和吉尔吉斯斯坦三国交界地区。
④ 乌兹别克斯坦首都。
⑤ 乌兹别克斯坦第二大城市，是古代帖木儿帝国的首都，连接着中国、波斯帝国和印度。
⑥ 乌兹别克斯坦第三大城市，在公元9至10世纪为萨曼王朝的首都，后被帖木儿征服。
⑦ 土库曼斯坦马雷省的一个绿洲城市。
⑧ 位于如今的伊朗境内。
⑨ 伊朗城市。
⑩ 伊朗首都。
⑪ 叙利亚第一大城市。
⑫ 叙利亚城市，曾为罗马帝国的第三大城市。
⑬ 叙利亚首都。
⑭ 约旦南部的历史古城。
⑮ 埃及历史名城。

▲巴尔米拉（叙利亚沙漠中的一片绿洲，位于大马士革的东北方）在古代对丝绸之路的交通起着至关重要的作用。在这座富裕城市的城西墓地，人们在一个公元100年左右的墓穴内部找到了图示的女性肖像。2015年八月底，城西墓地的墓塔被极端组织摧毁。

然而在极少数情况下，商人或者商队也会一次性走完整条线路。贸易需要借助驿站以及中间商才能完成，这样一来商品的价格就会提高。不过最终的买家通常都会为了珍贵的丝绸做足价格上的准备。

上文中提到的这条主干路线被大规模使用之前，人们从长安出发，途经吐鲁番和乌鲁木齐向北走，直到里海和亚速海①。一张四通八达的路网从那里继续向北亚与东欧延伸。居住在那里，因黄金宝藏而闻名的游牧民族斯泰基人早就与周边的民族有过贸易往来。不过最古老的一条通道是向南延伸的，连接了中国与南亚以及印度。

另外，这三条主干线路还连接着许多支线以及像琥珀之路②、乳香之路③这样的其他贸易要道。因此，展示或者描绘"整条"丝绸之路是不现实的。本书中的摄影作品选取了丝绸之路主干线上的部分地点以及文物，并同时兼顾支线情况。

此外受政治事件或者气候因素影响，路线会发生偏移。总体来说，像蒙古王

---

① 黑海的一部分。

② 一条水陆结合、运输琥珀的古代贸易通道，连接了欧洲北海以及波罗的海沿岸琥珀产地与中东和远东的消费地，并经由丝绸之路继续通往亚洲。

③ 乳香是一种由橄榄科植物乳香木产出的含有挥发油的香味树脂，在古代可用于宗教祭典、当作熏香料，同时也是中药药材。乳香之路是从也门经阿曼至近东地区的一条贸易通道。

朝这样大帝国的诞生能够确保一定的稳定和安全，丝绸之路沿线的贸易能够从中受益。

丝绸之路的历史也是各个庞大帝国的历史，它们来来往往，其中的大部分都想要把丝绸贸易掌握在自己手中。当帝国衰落，边境之间的通道变得不可靠时，贸易通常会转移到"海上丝绸之路"进行。这是一条水陆结合的路线，从地中海经过红海至印度和中国。水路和陆路通过兴都库什山脉[①]的隘口以及印度河上河谷连接在一起。

因此，陆地上的这条东西线路并不一直是惯用的连续通道，古代时就更不是这样了。确切地说，丝绸之路是以原始游牧线路为基础的，这些线路随着时间的推移连在了一起。

例如当亚历山大大帝在公元前4世纪建立起他庞大的帝国时——虽然只维持了很短的时间，中国的丝绸基本上不怎么能到达西方。人们更多的是进行黄金、宝石、象牙、调味料以及药品贸易。在这个时期以及接下来的汉朝（前202年—220年），丝绸主要是通过驿站运送到更远的地方。中国向邻近的绿洲民族以及游牧民族赠送贡品和礼物以维持和平，最主要的是送给匈奴人。这个游牧民族造成的威胁让中国人在公元前3世纪建起了第一座长城。

而中国人赠送的丝绸布匹可能被人继续贩卖，主要是被上文提到的斯泰基人。

在南德霍米歇尔遗迹附近的邵尔高，人们甚至在一个公元前6世纪的凯尔特王侯墓穴里发现了中国丝绸的残片。它可能就是中国赠予邻居的礼物，后经过斯泰基人之手跨过漫长的道路来到了欧洲。

① 今阿富汗境内。

▲在宗教建筑的装饰方面，清真寺原则上是不使用神像的。因此在清真寺——如图中伊斯法罕（伊朗城市）一处用来礼拜的壁龛米哈拉布中——人们通常见到的是彩釉的瓷砖以及有着丰富图案和书法的马赛克。

亚历山大帝国之后建立的塞琉古王朝起初注重的也是与印度的关系。直到张骞出使西域，与中国的大规模贸易才开始发展起来。这位汉朝的禁卫军高级将领在中国被视为丝绸之路之父。公元前138年，汉武帝任命张骞为西行的朝廷使节，为了在国界的另一边寻求抵抗匈奴的盟友。此次外交任务失败了：匈奴太令人闻风丧胆，以至于没有哪个民族想要加入抵抗它的同盟。然而从另一个角度讲，张骞则成功得多。通过张骞在匈奴建立的联系，中国察觉到还有别的大帝国对与自己进行贸易感兴趣：塞琉古王朝之后的帕提亚帝国以及罗马帝国。

帕提亚人获得了第一批有组织地运送而来的中国丝绸。目前比较确信的是，罗马人是通过帕提亚人了解到来自远东的精美丝绸的。很快，丝绸就晋级成为首屈一指的奢侈品。罗马人为购买丝绸花费了不计其数的钱财。

丝绸制品属于中国严守的秘密之一。携带蚕卵或者蚕茧出国的人将面临死刑的惩罚。在中国的边境处甚至还设立了搜身检查。有关丝绸生产的知识已经在之前传到了日本，因此中国人更加留意要对西方严守自己的技术。这似乎在相当长的时间内都没遇到什么问题，例如罗马人显然对丝绸制作一无所知。老普林尼在《自然史》中提到，丝绸的制造者，也就是所谓的赛里斯人①，从树叶上揭下羊毛，然后被纺线、编织，并且极尽艰难才能被加工成薄如蝉翼、深受罗马人欢迎的布料。

传说丝绸的秘密一直被保守至公元

① 中国被古希腊罗马人称作赛里斯，是 Seres 的音译，意思为丝国。

　　▲从7世纪开始因其丝绸与棉布而闻名的伊斯法罕位于丝绸之路朝南的一条支线上。丝绸之路的主干线路几乎无人通行之后，伊斯法罕有了自己最宏伟的建筑，其中包括17世纪落成的富丽堂皇的伊玛目清真寺。

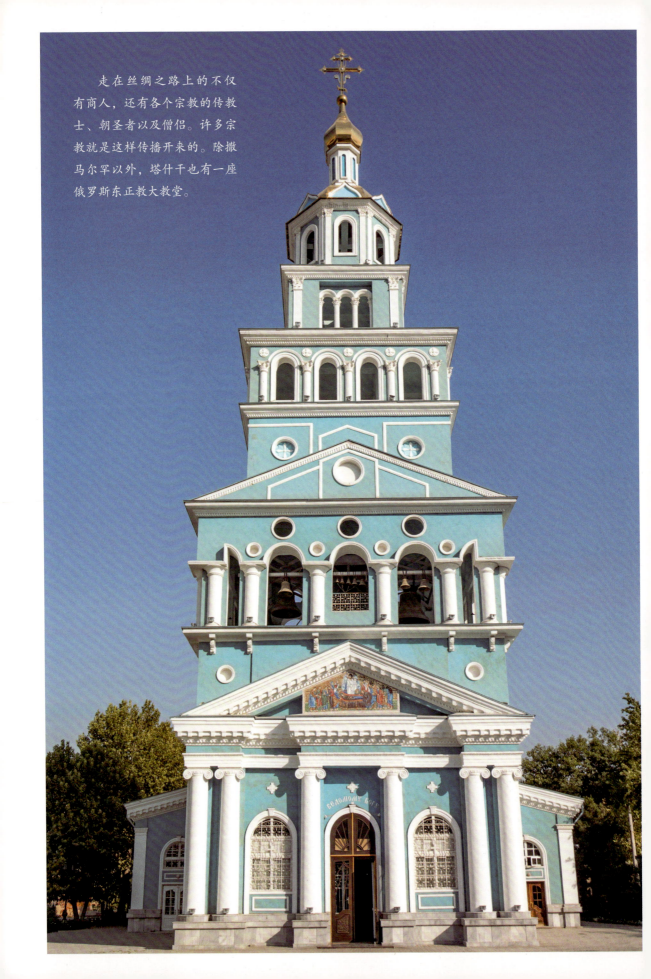

走在丝绸之路上的不仅有商人，还有各个宗教的传教士、朝圣者以及僧侣。许多宗教就是这样传播开来的。除撒马尔罕以外，塔什干也有一座俄罗斯东正教大教堂。

5世纪。在那之后，恰恰是一位中国公主打破了中国对丝绸生产的垄断。公元420年被指婚给和田的王侯时，她偷偷地在梳得很高、装饰物很多的头发里藏了桑树种子和蚕卵带出国。因为公主未来的夫婿威胁她，只有这样她才能继续有丝绸衣服穿。

位于塔克拉玛干南部的和田——之前一直以和田玉闻名——随即成为中国以外的第一个丝绸产地。尽管这是一个传说，但可以肯定的是，在那之后中国以西地区，很快还有波斯，开始制作丝绸。然而，它们的产品还是无法达到中国丝绸的高水准，来自中国的丝绸一如既往地受追捧。

比走私蚕茧公主的传说更加确切的是，随着汉朝的衰落，中国的边防变得不再是毫无破绽。根据另一个说法，聂斯脱里派僧侣在公元6世纪把蚕茧和桑树种子装在朝圣的拐杖里带到了拜占庭。不论这其中多少是真的，多少是杜撰的，中国的丝绸垄断地位绝对被打破了。

在这条横跨多个地区的交通要道沿线，不仅有丝绸贸易，调味品、肥皂、以青金石和玉石为代表的宝石、黄金、玻璃、陶瓷、动物毛皮以及枣、开心果这样的食物都是大家交换的商品。尤其是在有时影响力甚至能扩大到波斯边境的唐朝（618年—907年），长途贸易繁荣一时。

丝绸之路在蒙古时期经历了最后一个高潮。成吉思汗及其接班人在13世纪创建了一个从东欧到中国的世界帝国——人类历史上没有出现过比它还大的帝国。成吉思汗的孙子忽必烈大帝在1279年成为整个中国的皇帝，他建立了元朝并且把都城从如今蒙古国境内的喀喇昆仑迁到了北京。关于马可·波罗是否真的沿着丝绸之路的部分线路来到了忽必烈面前，至今仍有争议。不过他完全有可能完成了这样的旅行，因为不管怎样毕竟有许多其他西方使者到达过远东，比如方济各会传教士约翰·德·普兰诺·加宾尼（Johannes de Plano Carpini）和威廉·冯·鲁布鲁克（Wilhelm von Rubruk）——两人分别受教皇以及法兰西皇帝的委托，早于马可·波罗踏上了东行之旅，并且两人也都撰写了游记。

蒙古人为可靠的货物运输和安全的旅游创造了良好的行政基础以及政治条件，这就是大家熟知的"蒙古统治下的和平"。人们可以相对安全地在这个庞大的帝国内行走。每四十公里就有一处可供马匹休息以及提供邮政服务的驿站，密集成网，再加上井水和仓库的扩建以及纸币的发明，这些都促进了贸易的繁荣。只有政治稳定的时候，人们才会接受纸币作为支付手段，因为哪个商人会在危机局势时信任纸币呢？其余的时候，丝绸才是丝绸之路上真正的硬通货：它在任何地方都拥有跨地区的、同等的高价值——这与通常只在某些地区才流通的铸币或者硬币正相反。例如在绿洲城市库车或者吐鲁番铸造的硬币只在当地有效。

随着14世纪中期蒙古帝国的衰落，丝绸之路的交流与运输机制也渐渐步入停滞。时局又变得动荡起来。只有在帖木儿统治时期（1336年-1405年）跨地区贸易才再次复苏。帖木儿自认为是成吉思汗的接班人，他在14世纪末期建造的庞大帝国几乎覆盖了整个伊斯兰世界。他靠残暴建立起自己的统治，受害者的头颅据说能堆成一座金字塔。另一方面，帖木儿召集了最出色的一批艺术家到撒马尔罕，并把撒马尔罕和布哈拉扩建成宏伟壮丽的大都会。这两座城市至今仍在熠熠生辉。

除西方的帖木儿帝国之外——然而仅仅持续了很短的时间——东方的明朝对于这个地区而言也是一个十分重要的强权力量（1368年-1644年）。不过，明朝的统治者致力于闭关锁国，排斥外界带来的影响。只有成为官方代表团成员的旅行商人才能入境，私人被严禁进入中国。通常商人们会聚集在吐鲁番或者哈密等着加入前往天朝的西方进贡使团或者代表团。

从蒙古帝国衰落就开始的丝绸之路的没落也因此注定无法挽回了。长途贸易越来越多地从"海上丝绸之路"进行，在1489年瓦斯科·达伽马发现了从欧洲到印度的航线之后更是如此。

丝绸之路不仅促进了贸易往来，而且也有助于科技、知识以及文化观念的传播，

▲拍摄于1990年前后的这张照片展示的是古丝绸之路上最后一座保存完好的原始荒漠商队旅店，距离吉尔吉斯斯坦的纳伦市大约30公里。

尤其是佛教的传播。佛教在公元 1 世纪的时候就从印度穿过阿富汗和粟特①来到了中国。而佛教能够间或成为中国的主导信仰则归功于那些为了研习经书而回到佛教之乡的僧侣们，他们在公元 400 年左右沿着丝绸之路越过帕米尔高原和喀喇昆仑山区来到印度——其中就包括前文提到的法显高僧。前往天竺的佛教朝圣之旅在公元 7 世纪达到高潮。在塔里木盆地的绿洲城市出现了不少有影响力的寺院与佛教中心：库车的克孜尔、吐鲁番的高昌和柏孜克里克、和田的丹丹乌里克以及世界闻名的敦煌莫高窟。

① 中国古书中记载的西域古国之一，大约在今中亚阿姆河与锡尔河之间的泽拉夫尚河流域。

在这些地区也能找到其他信仰的宗教场所。被拜占庭和罗马当作异教铲除的聂斯托利派基督教从西向东传播开来。公元5世纪以来，丝绸之路沿线出现了基督教教团，主要是在叙利亚和波斯，塔里木盆地也有。人们在吐鲁番发现了波斯文和希腊文的《旧约》诗篇。公元7世纪，聂斯托利派基督教在中国建造了第一批修道院。

自公元3世纪起开始传播的摩尼教根源自佛教、基督教和拜火教。虽然它的传播范围很广——从西欧到东亚都有教徒——但是它的教团始终很小。

犹太商人对丝绸之路上的贸易起着重要的作用。他们的足迹遍布俄罗斯、印度河谷、塔里木盆地的边缘地区以及中国。

巴克特拉（今巴尔赫）曾经是巴克特里亚王国的首都以及前往印度的丝绸之路上的重要贸易城市和中转站。图中展示的是被蒙古人毁坏的，建于公元9世纪上半叶的九圆顶清真寺。

从叙利亚到维吾尔族地区都能见到花纹繁多的伊斯兰艺术与建筑。

如果说宗教传播主要是自西向东的话，那么技术与知识则是自东向西而来。例如造纸术、印刷时、指南针、船舵和火药都是来自中国。然而除了知识、商品和宗教以外，沿着丝绸之路传播开来的还有疾病，比如鼠疫。1347年到1353年，黑死病在欧洲造成了大量死亡。

数百年来，走在丝绸之路上的主要是小贩、商人、外交官、僧侣、朝圣者和传教士，到了19世纪末20世纪初，一个新团体加入进来：来自世界各地的学者和探险家。来自瑞典的地理学家斯文·赫定开了头之后，各国的考察旅行随即跟上。他们都是为了寻找历史遗迹而来。1907年，匈牙利英国考古学家奥莱尔·斯坦因发掘了所处时代最轰动的文物：他仔细研究了敦煌莫高窟，找到了画满图画的岩壁和一座图书馆——座三米高、全是手写文字的山。文本遗迹现保存在大英博物馆，当地还能见到部分岩画。

德国考古学家也没有错过这样的好时机，其中包括阿尔伯特·格伦威尔德、

▼阿勒颇曾是丝绸之路西段上一个重要的贸易枢纽。一直到前几年，人们都可以在历史悠久的巴扎中感受到浓烈的贸易氛围，即世界上最大的室内集市区，还入选了联合国教科文组织颁布的世界文化遗产。

▲敦煌建立于汉朝与匈奴不断的冲突时期。之后，敦煌从军事基地发展为一个繁荣的贸易城市。敦煌的玉门关是通往西方真正的大门。

西奥多·巴图斯、阿尔伯特·冯·勒柯克。他们在1902到1914年期间四次前往荒凉的塔克拉玛干以南地区考察。他们主要在高昌有所发现，即建于公元1世纪的吐鲁番绿洲地区大都市。他们在破败的寺院发现了总共17种语言的佛教、内斯托利派和摩尼教手稿。至少有433箱具有重要考古意义的宝藏在1914年之前运到了柏林：公元3世纪至13世纪的手稿、壁画、陶土人像、木偶。如今，这批吐鲁番收藏的大多数还陈列在柏林亚洲艺术博物馆。

在此过程中失利的是中国。中国人直到1920年才阻止他人进入这些地区探险。价值连城的文化宝藏已散落各地，绿洲中的寺院早被洗劫一空。柏孜克里墙上高达四米的佛像被德国考古学家敲下。这些壁画在二战中被摧毁殆尽：柏林的民俗博物馆在持续不断的炸弹雨中至少被击中七次。

但如果这些文物没有被探险的考古学家带出中国，它们中的大多数可能也无法留存下来：比如高昌的农民把废城中的古老壁画当作肥料，寺庙的土墙当作建筑材料。高昌的部分农地安装了灌溉渠，导致寺院连同其中的手稿全部变成了泥块。

就算是在今天，古老丝绸之路沿线的地区也在受到威胁，甚至比以往更甚。分别高35米和53米的巴米扬大佛在2001年被恐怖分子炸毁，极端组织破坏并威胁着尼尼微、巴尔米拉和尼姆鲁德的古代文化遗产。几年前还宏伟华丽的阿勒颇如今已经是残垣断壁。就连喀喇昆仑公路旁的岩画也很快就要见不着了：岩画大约在2020年就会淹没在由狄阿莫-巴沙大坝积蓄起来的印度河洪流当中。

至少丝绸之路的部分——从洛阳、长安到如今吉尔吉斯斯坦和哈萨克斯坦境内的七河地区、长度为5000公里的路段，在2014年被联合国教科文组织列入世界文化遗产名录。丝绸之路沿线的大量其他地点，比如撒马尔罕、布哈拉、梅尔夫遗迹以及伊斯法罕的国王广场，都属于世界文化遗产的一部分。希望这本图册展示的城市、风景、寺院和古代遗迹不会很快全部成为历史。

哈密是从西方到敦煌的必经之地，也是吐鲁番与安息之间唯一的一片绿洲。图中展示的是哈密维吾尔族国王的宫殿和墓地。

从安提阿到马什哈德

　　13世纪，世界各地之间的联系比身处全球化时代的我们想象得还要紧密。对此，英国历史学家加文·汉布里在20世纪60年代给出了十分精准的描述："北京有威尼斯商人，波尔多和北安普顿有蒙古外使，大不里士有热那亚领事，喀喇昆仑有法国工匠，伊朗绘画中出现了维吾尔族以及中国题材，中国有阿拉伯税官，埃及有蒙古法律。"在丝绸之路主要的几个商品转运中心，世界交汇在一起。

　　叙利亚荒漠中的绿洲城市巴尔米拉是古代丝绸之路西段上的主要转运地。这座建于公元前2世纪的富裕壮丽的大都会得益于罗马与帕提亚之间的贸易往来。在公元初的几世纪间，贸易线路越来越朝南向黑海边偏移，巴尔米拉的重要性越来越弱。公元400年左右，这座曾经辉煌一时的贸易城市变成了罗马的军事基地及边境堡垒。这处联合国教科文组织的世界文化遗产在不久前因被极端组织摧毁而令世人心碎。2015年八月底，恐怖分子炸毁了巴尔夏明神庙，十月初又炸毁了拥有2000年历史的古老凯旋门。

　　阿勒颇遭受了严重的损害。自十字军东征以来，阿勒颇一直是地中海与亚洲之间的贸易与交通枢纽以及从北向南的贸易线路上的重要节点。

　　当货物不走陆路被继续运往亚历山大或者康斯坦丁堡时，它们就主要被船运到安提阿（如今的安塔基亚）。安提阿同样坐落在数条贸易线路的交叉点上：在从也门途经佩特拉、大马士革的乳香之路以及从东方途经巴格达、阿勒颇的丝绸之路上。

▶伊斯法罕伊玛目清真寺的细节图

　　▲包德是拜占庭早期的聚居区，位于从安提阿到阿勒颇的贸易线路上。废墟位于如今叙利亚北部石灰石地区的死城中心，这块区域到9世纪末为止已荒无人烟。

　　◀安提阿（今安塔基亚）圣彼得洞穴教堂的外观。据说耶稣使徒卢卡斯建造了这座教堂，房屋立面是12世纪东征的十字军骑兵添加的。

阿勒颇古城中心矗立着一座主要扩建于13世纪的堡垒，这座堡垒以及古城均被列入联合国教科文组织的世界文化遗产。

阿勒颇圣西缅修道院的教堂废墟。在教堂中间还能见到圆柱的残余部分。从公元5世纪起，圣西缅就生活在这根柱子上直到去世，从未从上面下来过。

位于霍姆斯以西30公里的骑士堡在12、13世纪是医院骑士团的一个骑士堡垒。在此之前，它作为防御系统的一部分确保了重要贸易线路的安全。同许多其他的叙利亚文化遗迹一样，骑士堡受到了损坏。

2015年10月初，恐怖分子炸毁了建于公元200年左右的凯旋门。书中照片拍摄于1995年，凯旋门位于巴尔米拉著名柱廊的起点，背景处可以看到阿拉伯城堡卡拉特伊布曼（Qalaat ibn-Maan）。

▶大马士革15世纪马穆鲁克时期蒸汽浴室（Hamam al-Tawrizi）的内景。

图中在奥斯曼总督阿萨德·帕沙·阿齐姆时期建于1751年-1752年的荒漠商队旅店拥有九个圆顶。这座两层建筑有商店、货仓和客栈，它是大马士革最大的荒漠商队旅店。

　　▲幼发拉底河边的杜拉·欧罗普斯位于前往巴格达的途中，主要是帕提亚人的经济中心。图中的犹太教堂建于公元3世纪，也就是杜拉·欧罗普斯被罗马人统治之后。如今这座教堂只剩下墙基，举世闻名的旧约湿壁画在20世纪初被抢救出来。由于气候干燥并且被土壤掩盖，湿壁画保存完好，如今安放在大马士革国家博物馆。

　　▶图中10厘米高的杜拉·欧罗普斯文物同样源自公元3世纪，是一位演奏着古代吹奏乐器阿夫洛斯管的音乐家。

图中为通往卡迪米亚
清真寺内庭的主大门。清
真寺位于巴格达近郊的一
座古老城市卡迪马因内。

16世纪重建于一场大火之后的卡迪米亚
清真寺如今是一个重要的朝圣地。

位于巴格达的伊拉克国家博物
馆收藏了许多宝贵的历史遗物。然
而博物馆在战争中遭到了一定的损
坏。图片拍摄于2003年4月。

伊斯法罕位于丝绸之路的支线上。1650年，人们在一座帖木儿帝国时期的桥梁地基上建造了横跨查扬德河的波尔–埃·查德舒拱桥（Pol–e Cha–dschu）。这座拱桥如今是伊斯法罕的象征，长约129米，有23个带有水闸的砖拱门。

▲伊斯法罕与伊朗首都德黑兰之间的跨境公路。

▶在德黑兰以南42公里的瓦拉明，建于14世纪的周五清真寺部分保存完好。

伊朗东北部的马什哈德位于丝绸之路沿线，这样的地理位置让它收益不少。
图片展示了15世纪帖木儿时期建造的戈哈尔沙德清真寺的局部视图。

从阿什哈巴德到帕米尔

　　如今土库曼斯坦境内的梅尔夫遗址成为世界文化遗产。这座城市在国际贸易中曾经是中亚最重要的货物转运枢纽之一。早在公元前8世纪，梅尔夫及周边地区就被称作"千城之国"。因此这个地区并不是因为丝绸之路才变得重要。不过，丝绸之路这条著名的贸易线路从这个发达的区域经过一定是有原因的。

　　在梅尔夫以东，如今乌兹别克斯坦境内的阿姆河与锡尔达拉河之间是曾经的粟特地区。统治那里的皇室不停变换，他们都想要控制这个地区的贸易。除钦察语支的突厥语之外，属于伊朗语族的粟特语在丝绸之路的大部分地区都是贸易用语。就连中国人也记载过粟特人的传奇世纪："这些人是精明的商人。五岁时，男孩子就被督促学习书本知识。他们理解之后就马上把学到的东西运用到贸易（实践）中。"此外，粟特人也为摩尼教的传播做出了贡献。

　　粟特的东南侧是巴克特里亚（如今乌兹别克斯坦、塔吉克斯坦与阿富汗的边陲区域），巴克特里亚的首都是巴克特拉（如今的巴尔赫）。阿富汗在伊斯兰化之前是佛教徒的重要朝圣之地。不论是喀喇昆仑公路旁的碑文，巴米扬的佛像，贝格拉姆的宝藏还是健驮逻国的艺术，这些都是见证。这些健驮逻国的艺术品是由流浪工匠创作的。他们通常依照订单制作陶瓷佛像和菩萨，用现代的话说就是为朝圣者制作纪念品以及为寺院制作装饰品。菩萨是帮助人类解脱的顿悟之人。健驮逻国的艺术时常展现出古希腊文化的影子。这也不奇怪，因为在亚历山大大帝短暂的占领之后，这片区域很快成为希腊–巴克特里亚王国的一部分。巴克特拉本身就是丝绸之路支线上的一座重要贸易城市，从梅尔夫与喀什出发的道路在这里交汇，经过贝克拉姆、塔克西拉通往印度的道路从这里开始。

　　▶位于南阿富汗巴尔赫省邱尔姆（Chulm）的室内集市——该地区也是从很早开始就有旅人经过。

　　▲丝绸之路沿线的生活日常：2001年，一对新婚夫妇在阿什哈巴德，即当今土库曼斯坦的首都。阿什哈巴德的前身是19世纪末位于几条荒漠商队线路交汇点处的一个俄罗斯军事基地。

　　▲梅尔夫是一座非常古老的城市。在第一批商人走上丝绸之路以前，它就存在了。这座绿洲城市的遗迹如今位于土库曼斯坦的马雷。1972年的这张照片展示了修缮之前、始建于12世纪初的苏丹桑贾尔墓。

▲梅尔夫的克兹卡拉要塞（"少女城堡"）建成于公元6、7世纪的萨珊王朝，可能是当地侯爵的宫殿。这座建筑曾经有两层，但是底层被淹没了。排列在一起的柱子有15米高。

阿姆河西侧的乌兹别克斯坦境内有一座拥有2500多年历史的城市希瓦。希瓦有着丰富的文物古迹。希瓦的旧城伊钦内城在1990年入选世界文化遗产。在穆罕默德阿敏可汗经学院前面竖立着装饰繁多的19世纪中期的卡尔塔米诺宣礼塔（Kalta Minor）（即照片中间的"小宣礼塔"）。这座塔原本应当有70米高，但由于力学难题最终只建到26米高。

位于希瓦旧城西大门的旧城堡昆雅阿克（Kunya Ark）开建于公元17世纪，但是里面的建筑主要源自19世纪。夏季，可汗就在这座半开放的大厅招待客人。

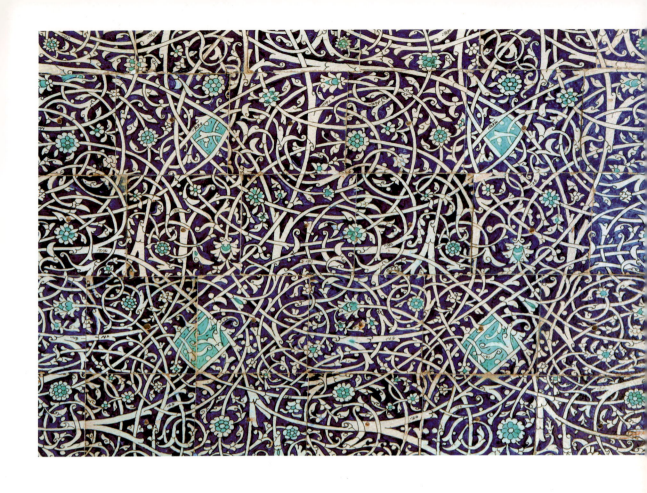

▲上过釉的瓷器：希瓦昆雅阿克旧城堡里一座清真寺的细节图。

▶帖木儿命人扩建了布哈拉与撒马尔罕两座城市。直到当今，拥有2500多年历史的布哈拉仍是一座有着圆顶建筑、古兰经学校与清真寺的华丽城市。拍摄于2010年的这张照片展示了公元9、10世纪的萨曼皇陵——它是布哈拉最古老的建筑，可能也是最古老的伊斯兰圆顶墓。

布哈拉的米尔阿拉布经学院（Mir-i-Arab）建于1540年。经学院
是自公元10世纪以来人们对伊斯兰教育机构的称呼。经学院这类的高
校主要教授伊斯兰法、古兰经释义、数学和逻辑学。

▲除伊斯兰教之外，布哈拉也有其他的一些宗教：图上是一座17世纪犹太教堂的内景。

▶一位女士坐在布哈拉纳克什班迪陵墓的内庭中——这是乌兹别克斯坦的国家标志性建筑。白哈丁·纳克什班迪·布哈里创建了纳克什班迪教团这个影响深远的苏菲教团。布哈里于1389年逝世于布哈拉。

▲眺望布哈拉的阿克堡垒（Ark）——它和希瓦的堡垒一样是可汗的行宫。这座堡垒的起源可以追溯到公元前4世纪。现存的堡垒是公元18世纪在人造山丘上建造的。

帖木儿在 1370 年迁都撒马尔罕。1403-1404 年建造的古尔·埃米尔陵墓是他的墓地。

▲尽管伊斯兰教禁止使用画像，但人们在撒马尔罕还是能见到动物画像，比如在希尔·多尔经学院（意思为"有老虎的"经学院），也就是拉吉斯坦广场右边的经学院。

◀公元17世纪季里雅·卡利经学院华丽的彩绘天花板。这座经学院位于著名拉吉斯坦广场旁三座经学院的中间。拉吉斯坦广场是中亚最漂亮的广场之一。

▲与完工于公元17世纪的季里雅·卡利经学院和希尔·多尔经学院不同，乌鲁伯格经学院（图片左侧）建造于公元15世纪。统治者乌鲁伯格是帖木儿的孙子。

古尔·埃米尔陵的东南侧是白色宫殿（Ak-Sarai），它同样是帖木儿的墓穴，建于15世纪。站在那里朝天花板方向看去的景象尤其令人震撼。

乌兹别克斯坦具有2000年历史的首都塔什干位于和哈萨克斯坦接壤的边境线上，它同样也在丝绸之路沿线。然而，古时的建筑如今已经见不到许多。1966年的一场地震摧毁了这座城市的大部分。不过少量建筑，比如公元16世纪的卡斯特伊玛目清真寺，还是留存至今。

拍摄于1977年的这张照片上是53米高的巴米扬大佛。佛像源自公元5、6世纪，属于健驮逻流派，因此受到了古希腊的影响。2001年，佛像被恐怖分子破坏。

▲图上的土库曼斯坦妇女正在北阿富汗操作传统的丝绸编织机。

▶除中国、罗马、帕提亚这些大帝国以外，在公元1—3世纪存在过一个从帕米尔到伊朗东部的广袤帝国：贵霜帝国。位于南兴都库什如今被阿富汗境内的贝克拉姆就是贵霜王侯的夏季行宫。人们在那里发现了著名的贝克拉姆宝藏，来自叙利亚、波斯、印度、中国、埃及、希腊以及罗马的文物应有尽有。图中公元1世纪的希腊罗马花瓶就是其中的一件。

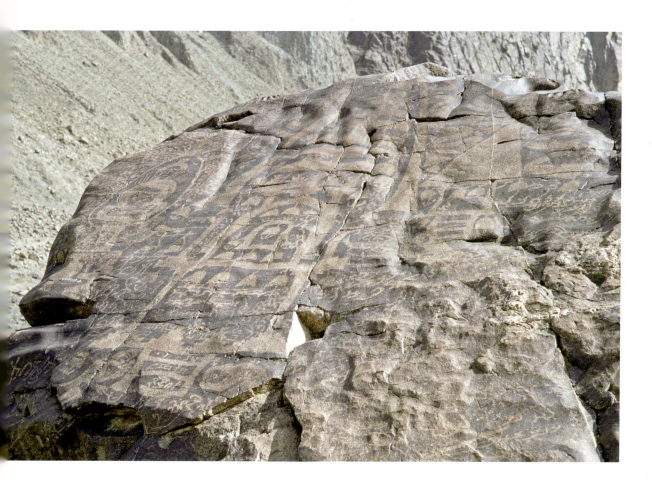

　　▲图片为喀喇昆仑公路沿线无数岩画中的一幅。左侧是佛祖的前身萨波达王，右侧是用公元5世纪的佉卢文雕刻的铭文。佉卢文是最古老的印度字母文字之一。

　　◀出土于当今白沙瓦地区，公元4世纪的98厘米菩萨像集中体现了古希腊对健驮逻艺术的影响。

阿富汗境内丝绸之路边废弃的荒漠商队旅店，1967年。

1970–1971年的冬天，图中的吉尔吉斯荒漠商队正穿越北阿富汗帕米尔山脉的瓦罕走廊。

▶一位吉尔吉斯的驼队向导牵着整条商队的领头骆驼站在帕米尔高原。

从喀什到西安

塔里木盆地被一条虚拟的界限一分为二：盆地西边和田、克孜尔的修道院壁画和雕像明显主要受到了印度和萨珊王朝的影响，而印度与萨珊王朝又以古希腊罗马为蓝本；与之相对，在盆地东边例如吐鲁番绿洲的寺院里则是中国文化占主导。公元4世纪以来中亚最大的岩寺敦煌莫高窟也是如此。1.6千米长的岩壁上有1000个洞穴，其中的500个保留至今。1987年敦煌莫高窟被列入世界文化遗产。莫高窟内有45000平方米的绘画面积，部分壁画在极高的洞穴中。壁画的内容还涵盖了该地区的日常生活。图画中既有农民、劫匪、婚礼，也有宗教题材。岩寺中的50000册卷轴经受住了数百年的风雨考验。

英国籍匈牙利考古学家奥莱尔·斯坦因在听说有位王圆箓道士先前曾见过莫高窟之后，于1907年发现了这些宝藏洞穴。奥莱尔·斯坦因为了这座传奇的博物馆与王道士做起了交易——并取得了成功：如今7000册完整的经文与6000份残卷正躺在伦敦的英国图书馆，其中包括公元868年版的金刚经——这是世界上最古老的印刷书籍。

敦煌以西300公里的荒漠中央是消失的古城楼兰。它的命运与罗布泊地区的气候条件息息相关。楼兰在公元元年前后还是一座繁荣的城市，人口一度达到一万四千多。然而公元300年左右，这座城市在很短的时间之内就荒废了。1900年首次发现楼兰废墟的斯文·赫丁对其背后的原因做出了解释：这位地理学家证实，塔里木河以及其他河流曾丰沛了罗布泊的水量，而楼兰就位于绿洲的中央。公元300年前后出现了持续时间较长的干旱期，塔里木河因而改变了流向。由于地势平缓，罗布泊的位置也持续快速变动。最终，楼兰消失在了荒漠之中。

荒漠仍在深刻影响着当今塔里木盆地周边绿洲居民的生活。贸易在那里仍在继续，可能很快沿着古老的荒漠商队路线就会出现一条"新丝绸之路"。只不过货物的运输不再靠骆驼，而是卡车，丝绸也几乎不再被带上路。

塔里木盆地南部的和田因玉石而闻名，那里的玉石交易从2000多年前就开始了。

喀拉库勒湖边吉尔吉斯族（国内称柯尔克孜族）的蒙古包，
位于海拔大约3600米、中国最西端的喀喇昆仑公路旁。

喀什是中国最西边的城市，大约有三十万人口。喀什往东北方向五公里有一座公元17世纪的香妃墓——这是穆斯林教徒的一处圣地。

▲喀什周日大集市上的蔬菜商正站在驴拉平板车旁叫卖。

▶喀什出售由不同粉末、颜料和矿物质制成的染料。

▲喀什附近一座绿洲城市内的街景

　　▲如果沿着曾经使用没那么频繁的丝绸之路南线走，人们就到了和田。和田曾经是重要的贸易中心，也是传说中第一个在中国以西地区生产丝绸的地方。和田及周边地区至今都在手工制作丝绸。

　　▲和田东北方向100千米处是被淹没在黄沙之中的重要绿洲城市丹丹乌里克。它在1896年被斯文·赫丁和奥莱尔·斯坦因发现，但接着又被遗忘，直到1998年被再次发现。那里出土了许多重要的考古文物，比如图中公元7世纪的木刻许愿板。该件文物如今在大英博物馆，描绘的是梳着高笄发髻的中国公主，她把蚕卵藏在头发里偷运出中国。在她背后站着一位貌似有四只手臂的神灵，神灵的手中拿着编织丝绸的工具。

米兰是丝绸之路上的一座古代绿洲城市，位于塔克拉玛干以南，与罗布泊荒漠交界。公元2世纪至公元5世纪，这里应当存在过一座佛教修道院。图中展示的是米兰的一座印度塔。通常印度塔中存放的是佛祖遗骸或者杰出方丈的骨头。

　　▲从喀什出发沿着旅人众多的丝绸之路北线就能穿过阿克苏到达库车。与南部的和田、东部的高昌一样，库车在数百年间都是北部最重要的贸易城市。离库车不远有一处中国最古老的洞穴群：克孜尔千佛洞。在公元3世纪到公元8世纪之间，人们在克孜尔的岩石上凿出了236个洞穴。大量的壁画除了能让人领略丝绸之路沿线的生活日常之外，还包括了宗教素材。图中的弥勒佛正被弟子围着。

▶克孜尔如画的风景

　　▲库车附近有一座曾经很强大，后来被淹没的城市苏巴什。图中巨大的佛寺遗址源自公元5世纪。

　　▶这座唐朝雕塑被发掘于位于吐鲁番与克孜尔之间的前哨站焉耆明屋。唐朝时期的中国将自己的版图扩展了许多。

　　▲新疆的省会乌鲁木齐曾经是丝绸之路支线上的重要贸易城市，如今是拥有两百多万人口的大都会。

　　◀塔克拉玛干周边的洞穴寺庙里的大量壁画均反映了人们的日常生活，唐朝时期的焉耆明屋也是如此。

吐鲁番绿洲最低处位于海平面下154米。这片广袤富饶的土地周围是2000多年历史的古老岗楼，这些岗楼确保了通往吐鲁番的道路的安全性。18世纪的额敏塔有44米高，是中国最高的伊斯兰教尖塔。

▲一位维吾尔人正在赶车，2006年摄于吐鲁番附近。

▲吐鲁番以东70公里、离著名的火焰山不远的地方有一座古老的绿洲城市吐峪沟。

吐鲁番耀眼的火焰山是由红色砂岩构成的。这里的气温在夏季能爬升至50摄氏度以上。

与塔里木盆地周边的洞穴佛寺一样，柏孜克里克千佛洞可以追溯到公元5至9世纪。大约70个凿进岩壁的洞穴在火焰山脚下。

建于公元1世纪的高昌位于吐鲁番东南侧46公里的地方。它曾是丝绸之路沿线吐鲁番绿洲最重要的城市。20世纪初，当地农民使用古老的砖石当建筑材料并在古城遗址上耕作农田，令高昌遭受了不小的破坏。

▲吐鲁番绿洲的葡萄种植

▶高昌的壁画：人们在一座聂斯脱里派的古寺庙中发现了公元7世纪的一幅聂斯脱里派僧侣画像。

吐鲁番以西十公里处的交河故城
与高昌一样是吐鲁番绿洲的一座主导城
市。这座在唐朝时期繁荣昌盛的城市在
公元13世纪化为了灰烬。

▶古时的荒漠商队会在哈密市稍作停留，养精蓄锐，补充粮草。哈密市的瓜果至今都很受欢迎。图片展示的是清朝时期（公元17世纪至公元20世纪初）信仰伊斯兰教的诸位哈密国王陵墓中的走廊。九位维吾尔族的哈密国王安葬于此。

►一位哈萨克人在哈密以南地区种植土豆，2006年。如今在中国大约有两百多万哈萨克族人。

敦煌以南的鸣沙山是塔克拉玛干的一部分，也是罗布泊东南侧库姆塔格沙漠的一部分。

▲与其他洞穴佛寺一样，莫高窟的壁画也是过去的见证，描绘了人们的日常生活、宗教观念、历史与传说。在这幅来自第323号洞穴的公元7世纪的图画上，八个男人正在把一座佛像搬运上渡船。

◀鸣沙山附近的一处古老荒漠商队旅店如今变成了一座博物馆。旅客可以在荒漠商队旅店过夜、喂马喂骆驼，并把价值不菲的货物暂时安全地存放在那里。

►鸣沙山高耸于
离敦煌东南侧25公
里的莫高窟之上。

莫高窟不仅有壁画，还有巨型
佛像，例如图上的卧佛。首批洞穴
凿于公元4世纪。

▲第285号洞穴，公元4至6世纪的壁画展示的是500名土匪在被皇帝惩罚，挖去眼睛并送回森林之后皈依佛教的场景。

修建于明朝第一位皇帝在位期间、完工于
1372年的嘉峪关，别称"天下第一雄关"，是
明长城的最西端。

沿着河西走廊、由汉朝皇帝命人
从公元前2世纪起建造的汉长城如今
只剩下残垣。这座长城是为了确保丝
绸之路的安全性而建。图片上展示的
是山丹至武威段的汉长城。

　　▲在很长一段时间内，兰州是人们在进入戈壁滩、河西走廊以及塔克拉玛干沙漠前的最后一座安全港。如今这座黄河边的城市已经是一个拥有三百多万人口的大都市。

　　◀直接建造在丝绸之路旁边的武威市曾一度在荒凉的河西走廊的最东边区域占据主导。在武威的宝塔中安放着逝世于公元413年的高僧兼佛学家鸠摩罗什的遗骨。鸠摩罗什因为将佛经从梵文翻译为中文而出名。

▶兰州西南方向80千米处的炳灵寺是黄河边一处交通不便利的寺庙群落，图中27米高的弥勒菩萨像就坐落其中。那里留存至今的183个岩壁洞穴中的首批凿于公元4世纪，后续洞穴的建造持续了一千多年。

▲1976年，人们在西安以东地区发现了高37厘米、公元9世纪（唐朝时期）的骆驼及其主人的陶土像。骆驼绝对是丝绸之路上最重要的运输工具：它们能够忍受巨大的温差，可以长时间不喝水，负重250千克。

◄位于兰州与西安之间的麦积山石窟也是一座佛教石窟并同样始建于公元4世纪。

长安（今西安）有着一段动荡的历史：公元23年之前，它一直是汉朝的都城。随后汉朝迁都洛阳。在自公元3世纪起的政治纷乱之中，长安数次成为不同执政者的王都，直到公元6世纪人们在东南20公里处开始建造新的都城，新都很快也被命名为长安。这座新都城变成了唐朝的总部，但却在904年被摧毁。这座城的废墟就在如今西安市的城区。图片展示了12米高、建于公元14世纪的明长城。

离长安旧城不远就是第一个统一了中国的朝代——秦朝的都城咸阳。秦始皇是这个短命王朝的建立者。秦始皇在公元前210年去世时，命人将他与7000多个实物大小的陶土兵马合葬。1974年，人们发现了秦始皇墓以及世界闻名的兵马俑。不过，秦始皇的墓堆至今没有被打开。未来，丝绸之路沿线还会惊现多少秘密又有谁知道呢？

参考文献

1. Baumann, Bruno: Die Seidenstraße: Auf der legendären Route nach Asien, terra magica 2013.

2. GEO-Special: Die Seidenstraße, Nr. 6, Dezember 2007/Januar 2008.

3. Heßberg, Andreas von/Waltraud Schulze: Chinesische Seidenstraße. Reisen zwischen Xi'an, Ürümqi und Kashgar, Trescher Verlag 2014.

4. Höllmann, Thomas O.: Die Seidenstraße, C. H. Beck 2011.

5. Hübner, Ulrich/Jens Kamlah/Lucian Reinfandt (Hg.): Die Seidenstraße. Handel und Kulturaustausch in einem eurasiatischen Wegenetz, EB-Verlag 2001.

6. Kausch, Anke: DuMont Kunst-Reiseführer Seidenstraße. Von China durch die Wüsten Gobi und Taklamakan über den Karakorum Highway nach Pakistan, DuMont Reiseverlag 2011.

7. Müller, Christoph/Peter Gysling: Die Seidenstrasse heute: Von Venedig nach Xi'an, Beobachter-Edition 2012.

8. Thubron, Colin: Im Schatten der Seidenstraße. Entlang der historischen Handelsroute von China nach Kurdistan, DuMont Reiseverlag 2013.

9. Uhlig, Helmut: Die Seidenstraße. Antike Weltkultur zwischen China und Rom, Gustav Lübbe Verlag 1986.